MALESHERBES

HOMME PUBLIC.

MALESHERBES

HOMME PUBLIC.

DISCOURS

PRONONCÉ LE 20 DÉCEMBRE 1857,

A LA RENTRÉE SOLENNELLE DES CONFÉRENCES DES AVOCATS,

PAR

GEORGES PIOU

Avocat stagiaire

PRÈS LA COUR IMPÉRIALE DE TOULOUSE.

TOULOUSE,

ÉMILE RATIER, IMPRIMEUR DE LA COUR IMPÉRIALE,

Rue Saint-Rome, 25.

—

1857.

MALESHERBES, HOMME PUBLIC.

STRENUE SEMPER FIDELIS
REGI SUO,
IN SOLIO VERITATEM
PRÆSIDIUM IN CARCERE
ATTULIT.

(Inscription gravée au bas de la statue de
Malesherbes, dans la salle des Pas-Perdus du Palais-de-Justice de Paris.)

MESSIEURS,

L'heure approchait où la Magistrature parlementaire allait disparaître, vieille de gloire plus encore que d'années, et peu à peu le silence se faisait autour d'elle. Tout-à-coup, par une dernière et puissante fécondité, elle produisit un homme qui, après avoir été le plus grand magistrat de son siècle, devait survivre au Parlement dans les rangs désertés du Barreau, et, avocat pour un seul jour, s'élever jusqu'au plus touchant héroïsme.

Aussi son nom est-il populaire entre tous. Qui ne connaît Malesherbes, cet homme à la physionomie douce et souriante (1); inaltérable dans son humeur; modeste au point d'abandonner le nom fameux des Lamoignon, ses ancêtres, par crainte d'en mal soutenir l'éclat (2); dont l'esprit enjoué était toujours si bienveillant, et dont le cœur débordait de poésie et de tendresse; cet homme, enfin, qui posséda le secret d'être aimé par une société vicieuse malgré son inflexible vertu. Maintes fois on vous a fait entrer dans l'intimité de cette nature pleine de contrastes. Vous l'avez vu d'abord passant sa jeunesse dans une sorte de somnolence intellectuelle, puis du premier bond dépassant tous les autres; plus tard errant, comme dépaysé, dans les galeries étincelantes de Versailles, où par son costume et ses manières il excitait les railleries des courtisans de Louis XVI, et en même temps ministre imposé deux fois au Roi par son amour du bien public et la fierté de son caractère; enfin, amoureux passionné de la nature, s'attendrissant à la vue

(1) Les courtisans l'avaient surnommé le *Bonhomme.*........ « Son sourire était connu de ses amis et des personnes de « considération qui le fréquentaient comme la seule malice « dont il fût capable envers les hommes qu'il méprisait ou « dont les principes étaient opposés aux siens. » (*Mém.* de Soulavie, tom. 2, p. 314.)

(2) « Le nom de Lamoignon, disait-il, est un fardeau, « parce qu'il impose de grands devoirs : je suis plus à mon « aise de n'être que Malesherbes. » (De l'Isle-de-Sales, *Malesherbes*, p. 65.)

d'une fleur, et oubliant dans une douce extase les amères disgrâces et les soucis de l'avenir, puis le lendemain luttant contre tous pour la défense d'une cause perdue, et dévouant avec intrépidité sa tête à l'échafaud.

Cependant, quelque connu qu'il soit, c'est encore de lui que je veux vous parler, mais non pour célébrer son dévouement et son austérité; à quoi bon? Ces vertus ont-elles manqué jamais à la Magistrature et au Barreau, et chaque génération qui s'éloigne n'en lègue-t-elle pas toujours le souvenir et l'amour à celle qui la suit?

J'étudierai Malesherbes comme homme public, parce que, à ce point de vue, son exemple peut tourner à profit pour nous; vous le verrez porté d'un égal élan vers l'Autorité et vers la Philosophie, d'une main détruisant à son insçu ce qu'il soutenait de l'autre, puis, après la plus cruelle désillusion et l'action la plus héroïque, ouvrant les yeux à la vérité chrétienne et mourant consolé par elle. Et si d'autres, inconnus de moi, ont entrepris déjà cette tâche que j'aborde témérairement, non pourtant sans grande crainte, je le regretterai moins, car il est des enseignements qu'il est bon de répéter souvent.

Puis vous-mêmes, Messieurs, ne me soutiendrez-vous pas? N'ayez point pour moi cette sévérité, que rendrait légitime le mérite de tant d'autres qu'on eût pu choisir à ma place. J'ai besoin de beaucoup d'indulgence, venant surtout après ceux qui m'ont précédé, lignée brillante qui ne s'est pas une seule fois démentie. En ce jour, où vous rappelez vos titres de noblesse, pourriez-vous donc oublier et le Panégyriste de Laviguerie (1), qui, dès le début, marquait fièrement son rang parmi les premiers; et ceux-là (2), plus rapprochés de nous, et qui, déjà connus et vantés par tous, se pressent à l'entrée de carrières différentes; et cet autre (3), qui a presque disparu au milieu de vos applaudissements et qui, oubliant peut-être dans des joies plus calmes les promesses d'une renommée précoce, semble s'être retiré sous l'abri d'un nom aimé et vénéré, laissant seulement à ses confrères attristés le souvenir de cet éloge de Ravez, que chacun de nous se rappelle comme si nous venions l'entendre !

Mais une pensée m'encourage : on est sûr d'être écouté de vous, quand on vous parle des gloires du Barreau; et n'est-ce pas comme soutien d'une grande cause et d'une illustre infortune que Malesherbes s'est immortalisé ?

C'est avec la seconde moitié du XVIIIme siècle, que commença sa carrière politique. Premier Président de la Cour des Aides et Ministre de Louis XVI, il nous apparaît comme un éminent et consciencieux défenseur du Principe d'Autorité.

D'abord il appartenait à l'une de ces familles célè-

(1) Me Albert.

(2) Mes E. Vaysse, Dandré, Deloume, Meilhon, Pillore, Lacointa, Eugène Mazoyer, etc.

(3) Me Louis Féral, fils de M^e Ph. Féral, membre du Conseil de dicipline, ancien Bâtonnier.

bres, qui avaient grandi près du trône et dont la fidélité au Roi n'avait jamais failli. Pour que ce gentilhomme,
descendant des Lamoignon, arrière-petit-fils de celui
que Louis XIV avait appelé publiquement « le plus
homme de bien de son royaume, » n'eût pas été l'un
des plus sûrs appuis de la couronne, il eût fallu qu'il
reniât toutes ses traditions, et il avait pour elles un
véritable culte. Non-seulement il aurait pensé profaner
le nom de ses aïeux en le portant, mais encore il se
refusa toute sa vie à reconstruire le vieux château qu'il
tenait d'eux, et dont les murs déjà pendaient en ruines (1) ; ce toit croulant, qui avait abrité sa famille, lui
était sacré, et, hôte pieusement ému de cet antique
asile, il le vénérait comme un de ces temples à demi-
ruinés, dont les pierres chancelantes gardent encore le
parfum du Dieu qui les a quittées.

Ce que sa naissance lui commandait d'être, il l'a été.
Il joignait à l'énergie et à l'austérité du Magistrat une
inépuisable générosité (2) : dans sa terre de Malesherbes (3), providence des malheureux, il soulageait toutes les misères, consolait toutes les afflictions ; c'était
là, disait-il, « ses menus plaisirs » (4) ; et, à Paris, dans

(1) De l'Isle-de-Sales, *Malesherbes*, p. 63.

(2) On lui représentait quelquefois que la plupart de ses
métamorphoses d'étangs en jardins de botanique ne laissaient
aucune trace : « Je le sais, répondit-il, mais si mon or se
« dissipe, le bonheur de ces braves gens reste et je suis assez
« payé ». (De l'Isle-de-Sales, *Malesherbes*, p. 66).

(3) Arrondissement de Pithiviers, département du Loiret.

(4) De l'Isle-de-Sales, *Id.*, p. 67.

une mansarde délabrée, chaque jour la petite-nièce de Corneille bénissait cette main, dont les bienfaits ignorés acquittaient la dette de la France. L'arbitraire et l'iniquité le révoltaient (1); aussi, appelé au Ministère, n'hésita-t-il pas, pour assurer le triomphe de la justice, à diminuer sa puissance : il lutta de toutes ses forces pour obtenir du Roi la suppression des lettres de cachet, arme terrible laissée aux mains des ministres, qui si souvent (2) l'avaient mise au service de leurs rancunes personnelles, faisant maudire la Royauté à l'égal de la tyrannie, et apprenant au peuple le moyen d'avoir raison contre l'innocence et le bon droit. Convaincu que le premier devoir des grands est d'aimer leur pays et de respecter ses souffrances, il s'indignait de voir la Cour insatiable de plaisirs dans ses hivers de disette, et, en attendant qu'il pût par de sages réformes mettre un frein à ses fastueuses dépenses, il était pour elle un juge sévère (3), qu'on pouvait peut-être émouvoir (4), mais jamais corrompre. Il ne

(1) « J'ai frémi lorsqu'à mon avènement au Ministère, je « me suis trouvé assis à mon bureau vis-à-vis d'un seul com- « mis, et lorsque j'ai été le maître absolu de prononcer arbi- « trairement de terribles condamnations. » (*Mém.* de Soulavie, tom. 2, p. 333).

(2) Et notamment le duc de la Vrillière, son prédécesseur au ministère de la maison du Roi, qui en avait, disent les Mémoires du temps, signé un nombre « incalculable. »

(3) Boissy-d'Anglas, tom. 2, p. 89.

(4) Voir le fait rapporté par de l'Isle-de-Sales, *Malesherbes*, p. 183.

se mêlait point à ses intrigues ; plus d'une fois au contraire il leur résista.

Mais rien n'égalait son respect pour la Royauté. Aussi scandalisé des débauches de Louis XV que séduit par l'honnêteté et l'humeur douce de Louis XVI, il imposa également silence à sa répugnance, pour ne pas compromettre l'autorité du trône, et à son affection, parce que, pensait-il, un tel sentiment, quand un Roi en est l'objet, se prouve et ne s'avoue point.

C'est surtout pendant son exil, après le renversement des Parlements par le chancelier Maupeou, qu'il donna l'exemple de cette soumission, sans laquelle la Royauté n'est jamais qu'un pouvoir éphémère. Il était victime d'un audacieux coup-d'état ; il tombait après une énergique défense sous les coups d'un adversaire incapable, plein d'orgueil et d'ambition, dont le triomphe était à la fois une injustice et une faute ; et cette défaite le jetait dans l'obscurité lui, naguère premier Président, avec qui les ministres comptaient, et dont les princes même sollicitaient les conseils (1). Assurément il y avait bien là de quoi l'aigrir, et les prétextes ne lui auraient pas manqué s'il eût voulu, je ne dis pas insulter à son Roi, il avait l'âme trop haute ! mais tout au moins murmurer contre lui. Entouré, comme il
Mais deux fois en sa vie il devait combattre pour lui :

(1) C'était à la demande du Dauphin, père de Louis XVI, qu'il avait rédigé, en 1758, cinq Mémoires sur la librairie. Ils sont analysés et reproduits en grande partie par Boissy-d'Anglas, dans son *Essai sur Malesherbes*, tom. 1, p. 53 et suiv.

l'était, de ses anciens collègues, réfugiés dans son château, n'eût-il pas pu exhaler à son aise tous ses ressentiments, et ses plaintes fussent-elles restées sans écho ? Il n'en fit rien. Il allait à travers ses vastes et riches jardins philosophant avec ses hôtes et les charmant par les grâces de sa conversation et les saillies de son esprit ; tantôt il leur récitait dans ces allées, où s'étaient promenés Racine et Boileau, quelques vers de ces deux génies qu'il relisait sans cesse ; tantôt dans une fleur, ramassée au bord du chemin, il leur découvrait des merveilles sans nombre ou les leur décrivait avec la simplicité d'un savant et l'inspiration d'un poète. Mais jamais il ne s'entretint avec eux de l'événement qui les avait frappés ; et, quand il rentra triomphant à Paris, il adressa à sa Compagnie ces seules paroles : « Oublions le passé, pardonnons les faibles- « ses, sacrifions les ressentiments (1). »

En déployant de telles vertus, Malesherbes ne rendait-il pas au Principe d'Autorité le plus éclatant hommage ?

en réclamant d'abord en faveur des Protestants la jouissance des droits civils ; puis en soutenant, pour le

---

(1) Droz. — *Hist. du Règne de Louis XVI*, tom. 1, p. 172. « Plus tard, à son avènement au ministère, on lui demanda ce qu'il ferait de Maupeou, qui l'avait exilé, si ce fléau de la Magistrature redevenait homme privé : « Si Maupeou, ré- « pondit-il, avait le génie de L'Hôpital, je prierais le Roi de « le faire chancelier encore, dût-il, par une nouvelle lettre « de cachet, m'envoyer à Malesherbes. » (De l'Isle-de-Sales, *Malesherbes*, p. 119.)

maintien des Parlements, cette lutte dans laquelle il devait succomber avec tant de noblesse.

La révocation de l'Édit de Nantes, que la flatterie des courtisans et l'ambition d'un ministre (1) avaient inspirée à un Roi despote et repentant, avait été funeste à la France et à la Monarchie. Le plus grand nombre des Protestants, odieusement persécutés, s'étaient enfuis, le cœur plein de haine pour leur inhospitalière patrie, et emportant à l'étranger leurs richesses et leur industrie; l'Europe, depuis si longtemps humiliée par Louis XIV, avait pris les armes contre lui, et des princes, jusqu'alors divisés, s'étaient ligués pour une commune vengeance. Quant à ceux des Protestants qu'avait retenus la rigueur des édits ou des persécutions, peu à peu et sous prétexte d'interpréter la loi, on avait fini par les mettre au ban de la société civile, et il n'y avait plus pour eux ni justice, ni propriété, ni famille.

Malesherbes dirigea contre cette oppression cruelle les coups de son irrésistible logique.

A combien de dangers, en effet, la royauté ne s'exposait-elle pas par cette intolérance ? Qu'au XIIme et XIIIme siècle, elle ait persécuté les hérétiques, on le comprend : pendant longtemps confondue avec l'Église, la Royauté grandissait à son ombre, et, comme elle ne pouvait pas encore se suffire à elle-même, elle se dé-

----

(1) Le marquis de Louvois, « homme, dit Aug. Thierry, « doué d'un génie spécial pour l'administration militaire, « mais esprit étroit, âme égoïste, flatteur sans mesure, conseiller dangereux et détestable politique. »

fendait en mettant son bras au service de Rome ; elle
livrait des batailles et dressait des échafauds, parce que
la force était sa seule ressource pour ramener des popu-
lations encore ignorantes, qui tranchaient tout par les
armes ; elle les frappait de terreur, parce qu'elle ne pouvait pas encore faire appel à leur raison. Qu'au XVIme
siècle elle ait soutenu les guerres de religion, on le
comprend aussi : les Protestants n'étaient pas seulement les disciples d'un culte nouveau ; si le fanatisme
armait et excitait les masses, à leur tête marchaient des
chefs, qui nourrissaient des projets de puissance et de
grandeur, dont ils avaient bien autrement souci que
des succès de la Réforme ; et la Royauté combattait en
eux beaucoup moins les sectaires que les factieux. Mais
au XVIIIme siècle la Royauté vivait de sa propre vie, et,
depuis Henri IV et Richelieu, les Protestants ne cons-
piraient plus.

Le retour de Louis XIV à l'intolérance pouvait être
excusable ; la persistance de Louis XV ne l'était pas.
Trompé par ses Ministres sur le nombre des Réformés,
Louis XIV avait cru qu'il pouvait établir enfin cette
unité absolue, tant rêvée par lui ; mais Louis XV savait
que des milliers de Protestants avaient pris la fuite,
qu'au lieu de couronner par l'unité religieuse l'unité politique de son royaume, son aïeul avait altéré celle-ci,
et que la révocation de l'Edit de Nantes, appauvris-
sant aussitôt le commerce et l'industrie, avait marqué
le déclin du Grand Roi. Pourquoi donc ne se hâtait-il
pas de réparer cette faute et consacrait-il au contraire
par des édits, que Louis XIV eût désavoués hautement,

une jurisprudence inique, qui, en dépouillant les Protestants de leurs droits civils, troublait l'ordre public par les plus honteux scandales ?

Sans doute la Réforme avait été le premier exemple de la révolte contre l'Autorité, et, en proclamant le droit souverain de la raison, elle avait ouvert la route aux révolutionnaires futurs ; mais, pour avoir déplacé le Principe d'Autorité, les Protestants ne lui étaient pas moins restés invariablement soumis. Aussi la Royauté se trompait fort, quand elle les traitait en révoltés ; elle devait bien plutôt les appeler à son aide et se liguer avec eux contre les incrédules, ses vrais ennemis, dont ses persécutions grossissaient les rangs. A cette époque, où les esprits fermentaient et voulaient la raison de tout, où, sous le nom d'égalité, l'impatience du joug se montrait de toutes parts et où le cepticisme triomphait, il fallait plus que jamais se souvenir que la tolérance seule ramène à la vérité, et que par les violences le pouvoir compromet la religion, parce qu'il fait douter de sa force, et se compromet lui-même en donnant de sa faiblesse la marque la plus manifeste. Aussi en demandant que ces grands principes fussent sanctionnés par la loi, Malesherbes faisait plus que plaider la cause des Protestants; comme L'Hôpital et Colbert, il plaidait celle de la Royauté même.

Mais de tels avertissements étaient mal écoutés (1). Presque à la veille du jour, où, aux prises avec la

______

(1) C'est seulement en 1787 que fut rendue aux Protestants la jouissance de leurs droits civils.

Révolution, elle allait être obligée de lui disputer le terrain pied à pied, la Royauté, prise d'une sorte de vertige, voulait tout envahir et livrait ainsi le secret de son impuissance. Bien éloignée de mettre un terme à son intolérance religieuse, elle redoublait d'intolérance politique.

Depuis longtemps elle voyait avec dépit l'influence du Parlement, lorsque enfin, ne se maîtrisant plus, elle voulut lui arracher la promesse d'enregistrer désormais tous les édits royaux, c'est-à-dire l'abdication de ses attributions politiques.

Le Parlement suspendit subitement ses audiences, et Louis XV alors prononça sa dissolution.

Malesherbes, du premier regard, sonda l'abîme que la Royauté creusait sous ses pas. Détruire les Parlements, c'était préparer une ruine générale : le peuple avait confiance en eux, et le Roi les craignait ; ils étaient la clef de voûte de l'édifice social. Dès qu'ils auraient disparu, le peuple et le Roi seraient seuls en présence : le premier, excité par ses besoins ou ses convoitises ; le second, sans autre arme que sa despotique volonté ; qui des deux serait le plus fort (1) ?

La Royauté se plaignait du rôle politique que jouait le Parlement. Mais de qui donc le tenait-il, sinon de la Royauté ? N'avait-elle pas assigné aux Pairs du royau-

(1) « Les Cours sont aujourd'hui les seuls protecteurs des « faibles et des malheureux..... Elles sont les seules à qui « il soit encore permis d'élever la voix en faveur du peu- « ple. » (Boissy-d'Anglas, qui rapporte les Remontrances en- tières, tom. 1, p. 205 et suiv.)

me leur rang dans ses Assemblées? N'était-ce pas elle qui, en ne protestant pas dès l'origine contre sa prétention à enregistrer les Édits, avait laissé s'établir cet usage, source de sa puissance, et ne l'avait-elle pas consacré par une soumission de plusieurs siècles? Avait-il reçu d'un autre qu'elle le droit de vérifier les décisions des États-Généraux, et, plus tard, afin de pouvoir se passer de ceux-ci, ne l'avait-elle pas reconnu pour un corps politique? Était-ce de son propre mouvement ou sur les instances des émissaires d'Anne d'Autriche qu'à la mort d'Henri IV il s'était saisi du gouvernement et avait choisi lui-même la Régente; et au commencement de ce siècle, le duc d'Orléans n'était-il pas venu le solliciter de déchirer le testament de Louis XIV et de le déclarer Régent de France? Assurément la Royauté n'avait point le droit de se plaindre : elle seule avait fait le Parlement ce qu'il était.

Sans doute, pour défendre ses prérogatives, il s'était quelquefois montré turbulent, difficile, et, à ce moment même, par un étrange oubli de ses devoirs, il avait refusé de siéger. Mais qu'étaient ces faiblesses passagères au prix de tant de services et de patriotisme? Ne devait-on pas beaucoup pardonner à ce Parlement qui, d'abord réunion de légistes obscurs, recrutés dans les rangs de la Bourgeoisie, entreprend de fonder l'unité nationale, et, se dévouant à la cause du Roi, rêve pour lui le pouvoir absolu des Empereurs de Rome; qui bientôt, à force de prudence et d'adresse, fait tomber des mains des seigneurs entre ses mains ce premier attribut de la puissance, le droit de justice; et qui, du moment où il a senti croître ses forces, déclare ouvertement la guerre à la féodalité, et se proclame l'alliée du Roi (1)? Souvent celui-ci, faiblissant, compose avec la noblesse, même il immole ses plus dévoués ministres (2) à cette rivale tant redoutée; mais ne se laissant pas émouvoir par ces perfides défaillances, le Parlement marche toujours. Enfin, soutenue par ce bras inflexible, la Royauté l'emporte (3).

Mais plus son pouvoir s'étend, plus elle en est avide. Avec François Ier elle veut dominer l'Église, et se rend, à prix d'argent, l'arbitre du salut de ses sujets (4). Alors le Parlement se soulève, il résiste, il menace, il fait retentir la Cour des plus sinistres prédictions (5).

(1) Aussi, lorsque Louis XII se propose de soumettre la Provence et de la réunir à son royaume, que fait-il? Il crée un Parlement à Aix (1499); et dès-lors « la Provence, dont « les institutions locales étaient si tenaces, et qui voulait « traiter avec la France de puissance à puissance, la Provence « eut dans le Parlement d'Aix un représentant énergique et « permanent de l'autorité royale. » (Chéruel, *Hist. de l'Admin. Monarch. en France*, p. 137.)

(2) Enguerrand de Marigny, Pierre de Latilly, etc.

(3) Désormais, selon l'expression de François Ier, *les Rois sont hors de pages*.

(4) *Concordat* de 1516 qui réservait au Roi la collation des bénéfices ecclésiastiques.

(5) La résistance du Parlement dura près d'une année. Le Concordat fut présenté à l'enregistrement au mois de juin 1517. Après avoir entendu les conclusions contraires de l'Avocat-Général le Lièvre, le Parlement députa au Roi le Président de la Haye et le Conseiller d'Origny, pour obtenir que l'Édit fut retiré. « Je sais, répondit François Ier, qu'il y a

C'est en vain : son rôle a changé ; la Royauté a secoué le joug (1) et se conduit elle-même.

Mais si désormais il ne se dirige plus, du moins il veillera sur elle, tantôt la blâmant hardiment, et tantôt lui prêtant main-forte (2). Henri III veut-il, instrument d'un aveugle fanatisme, se couvrir du sang des

« dans mon Parlement des gens de bien, des gens sages ; mais « je sais aussi qu'il y a des téméraires, des turbulents et des « brouillons ; je les connais, je n'ignore pas les discours qu'ils « tiennent. Vous me vantez la justice de Louis XII ; je suis « juste comme lui, mais, comme lui, je saurai bien me faire « obéir. » Le Parlement persista néanmoins à s'opposer à l'enregistrement du Concordat, redigea même de nouvelles Remontrances ; mais le 22 mars 1518 il fut obligé de céder, et il enregistra l'Édit avec cette clause : « Par le commandement « très-exprès du Roi, plusieurs fois répété. » (*Mém.* pour servir à Hist. de France.)

(1) François I*er* n'avait répondu aux secondes Remontrances du Parlement que ces dures paroles : « Mon Parlement vou— « drait s'ériger en Sénat de Venise, je ne le souffrirai pas. « Qu'il se mêle de rendre la justice, elle est aujourd'hui plus « mal administrée qu'elle ne l'a été depuis cent ans. » (*Ibid.*)

(2) Au moment même où son autorité politique avait diminué et où il était en lutte avec le Roi, voici quelles paroles il adressait à François I*er* : « Nous ne voulons pas révoquer « en doute votre puissance ; *ce serait une espèce de sacrilège.* « *Nous savons bien que vous êtes au-dessus des lois, et que les* « *lois et les ordonnances ne peuvent vous contraindre.* Mais « nous entendons dire que vous ne devez pas vouloir tout ce « que vous pouvez, mais seulement ce qui est en raison, bon « et équitable, qui n'est autre que justice. » (*Anciennes lois Françaises,* tom. 12, p. 275-280.)

Protestants (1) et, poursuivant jusque sur l'héritier de la couronne sa haine pour l'hérésie, déclarer le Roi de Navarre déchu du trône (2); le Parlement s'indigne d'abord (3), puis, se jetant à ses pieds, il le conjure d'abandonner ses funestes résolutions; enfin, saisi d'une douleur profonde et les yeux pleins de larmes, il vient déclarer à Henri III, que le Roi de France n'a plus de

---

(1) Traité avec la Ligue et Édit de juillet 1585, par lequel l'exercice de tout autre culte que la religion catholique, était défendu sous peine de mort.

(2) Bulle du Pape. Oct. 1585.

(3) « Sire, le crime que vous avez voulu châtier est attaché « aux consciences, lesquelles sont exemptes de la puissance « du fer et du feu. ... Quand tout le parti des Huguenots « serait réduit à une seule personne, il n'y aurait nul de « nous qui osât conclure à la mort contre elle, si son pro- « cès ne lui était solennellement fait, et si elle n'était dûment « atteinte et convaincue de crime capital et énorme. Qui « sera-ce donc qui, sans forme de justice aucune, osera dépeu- « pler tant de villes, détruire tant de provinces, et convertir « tout ce royaume en un tombeau ? Qui osera prononcer le « mot pour exposer tant de millions d'hommes, de femmes « et enfants, à la mort, sans cause ni raison apparente, vu « qu'on ne leur impute aucun crime que d'hérésie, hérésie « encore inconnue ou du moins indécise, hérésie qu'ils ont « soutenue contre les plus fameux théologiens de votre « royaume, en laquelle ils sont nés et nourris depuis trente « ans par la permission de V. M. et du feu Roi votre frère. ...

Et au sujet de la Bulle : « Nous ne trouvons point par nos « registres ni par toute l'antiquité que les princes de France « aient été jamais sujets à la justice du pays ; ni que les su- « jets aient pris connaissance de la religion de leurs prin- « ces. » (Aug. Thierry, *Hist. du Tiers-État*, p. 113-114.)

Parlement, et qu'il se retire pour gémir avec ses concitoyens sur les calamités que ce double attentat prépare à son pays (1). Le Roi cède (2). Le Parlement triomphe! Un instant il se laisse entraîner (3); mais soudain

(1) « Faites-nous cette grâce, Sire, de reprendre en vos « mains les États dont il a plu à votre Majesté et aux Rois « vos prédécesseurs de nous honorer, afin que vous soyez « délivré des importunes difficultés que nous sommes con« traints de faire sur de tels Édits, et nos consciences déchar« gées de la malédiction que Dieu prépare aux mauvais Magis« trats et Conseillers. . . Il est plus expédient à votre Majesté « d'être sans Cour de Parlement, que de l'avoir inutile, « comme nous sommes, et il nous est ainsi plus honorable de « nous retirer privés en nos maisons, et de pleurer en notre « sein les calamités publiques avec le reste de nos conci« toyens, que d'asservir la dignité de nos charges aux malheu« reuses intentions des ennemis de votre couronne. » (Aug. Thierry, *Hist. du Tiers-Etat*, p. 115.)

(2) Henri III consentit à faire quelques observations au Pape.

(3) La Sorbonne décréta : « *Que le peuple Français était* « *délié du serment de fidélité prêté à Henri III; que, en assu* « *rée conscience, ledit peuple pouvait s'armer, s'unir, lever* « *argent et contribuer pour la défense de la religion catholique* « *contre les conseils pleins de méchanceté et efforts dudit* « *Roi.* » (1589). . . . . . . Le Parlement, dévoué à l'autorité « royale, voulait résister à ce mouvement si violent, si démo« cratique. C'était un corps tellement respecté, que la révo« lution, sans son assentiment, ne pouvait être solide. Les « Seize firent mettre sur pied les milices bourgeoises, et « investirent le palais. Bussy le Clerc, gouverneur de la « Bastille, avec une bande de ligueurs, entra dans le Par« lement et somma les Magistrats, dont il lut les noms, de le « suivre, comme « *accusés d'être partisans de Henri de Valois,*

il redevient lui-même, car la patrie est en danger. Le trône est vacant ; les États-Généraux s'opiniâtrent à en écarter le Roi de Navarre, et, se prévalant des droits de l'Infante, fille de Philippe II, la maison d'Espagne, unie à celle d'Autriche, menace de l'emporter. A l'idée que ces deux vieilles ennemies de la France l'asservi-raient; que ce trône, protégé par tant de victoires, de viles intrigues le leur livreraient, le Parlement pousse des cris de détresse, maintient par arrêt la loi Salique, jure avec un patriotique enthousiasme de mourir pour le défendre, et la France est sauvée (1)! C'est qu'il avait, lui, la passion du nom Français! Aussi, quand quelques années plus tard, au plus fort de la Fronde, cette révolte irréfléchie, organisée par lui contre Anne d'Autriche et son Ministre, il voit les armées Espagno-

« *et de moyenner des entreprises contre la ville.* » Soixante se
« levèrent avec le Président Harlay, et furent conduits, au
« milieu des huées de la populace, à la Bastille. Les autres,
« au nombre de cent soixante, se réunirent sous la prési-
« dence de Brisson; ils prêtèrent le serment de la Ligue,
« confirmèrent le décret de la Sorbonne, et déclarèrent *«qu'ils*
« *se joindraient au corps de la ville de Paris pour lui adhérer* et
« *l'assister en toutes choses même contribuer aux frais de la*
« *guerre résolue pour le bien public.* » Ainsi l'Union avait
« son Parlement, la révolte était légitimée. » (Lavallée, *Hist.*
des Français, p. 541.)

(1) « Faisant acte de souveraineté à la face des États et con-
« tre eux, les membres du Parlement rendirent une sen-
« tence qui déclarait nul *tout acte fait ou à faire pour l'établis-*
« *sement des princes ou princesses étrangers*, et protestèrent
« qu'ils mourraient tous plutôt que de rompre ou de chan-
« ger cet arrêt. » (Aug. Th., *Hist. du Tiers-État*, p. 124.)

les s'ébranler pour venir à son aide, il frémit et s'ar-
rête (1). Lui, être traître à son pays! Souffrir qu'on
entame en son nom les frontières! Il déserte aussitôt sa
cause et, humiliant aux yeux de tous sa vanité de chef
de parti, il se range autour du trône, et fait sa paix
avec la Reine (2).

Pouvait-on reprocher rien aux fils de tels aïeux?
Plus que tous ces valeureux Magistrats n'ont-ils pas eu
l'indépendance du caractère, la dignité dans la dis-
grâce, la fidélité au pays, et, pour tout dire en un
mot, plus que tous n'ont-ils pas été Français? Et pourtant cette grande famille parlementaire, qui a laissé
dans les âges comme une traînée lumineuse, qui, par
la seule autorité de ses vertus et de son patriotisme,
commandait tour à tour à la féodalité de courber la
tête, à la Royauté de se modérer, était dispersée com-

(1) « Ce secours, plus que dangereux, devait l'entraîner
« hors de ses voies de probité et de patriotisme; dès qu'elle
« les vit, elle recula. Ce fut l'honneur du Parlement d'avoir
« répondu par l'indignation et le dégoût à ceux qui pro-
« posaient de donner à la cause populaire l'appui des enne-
« mis de la France. Contraint de choisir entre une opposition
« inflexible et le devoir de tout bon citoyen, il n'hésita pas;
« il fit sa paix avec la Cour au lieu de pactiser avec l'Espagne. » (*Ibid.*, p. 182.)

On connaît la noble apostrophe du Président de Mesmes
au prince de Conti, qui proposait au Parlement de recevoir
l'envoyé Espagnol : « Est-il possible, Monsieur, qu'un prince
« du sang de France propose de donner séance sur les fleurs
« de lys à un député du plus cruel ennemi des fleurs de
« lys ! »

(2) *Paix de St-Germain*, 30 *mars* 1649.

me une poignée d'agitateurs! Elle, qu'avaient couronnée de si nobles triomphes et qui avait compté dans ses rangs tant d'héroïques vainqueurs, était honteusement sacrifiée aux intrigues d'un ambitieux et aux caresses d'une courtisane! Oh! qu'il était descendu bas le Roi, qu'une telle profanation ne faisait pas rougir! Et s'il fallait si peu d'efforts pour déraciner ce vieil appui de la Royauté, en faudrait-il beaucoup pour la déraciner elle-même?.... Mais qu'importait à Louis XV, « pourvu que cela durât autant que lui? »

Ce coup-d'état répandit la consternation. La dernière ombre de liberté publique s'évanouissait. Pourtant pas une émeute; on n'entendit qu'un bruyant éclat de rire de Voltaire. Et cette indifférence du peuple pour ses généreux défenseurs qui succombaient, était de sinistre augure!

Dès le lendemain, Malesherbes, effrayé d'une telle violence et le cœur navré, assembla sa Compagnie, et, au milieu de ce silence menaçant, fit entendre à Louis XV cette voix majestueuse qui disait si fièrement la vérité. N'était-ce pas une fois de plus voler au secours de la Royauté qui se frappait elle-même? Et, en embrassant son parti, ne continuait-il pas l'œuvre courageuse et nationale des Parlementaires, et ne témoignait-il pas noblement que, comme eux, il aimait par-dessus tout sa patrie et son Roi (1)?

____

(1) Ce que n'avait pu obtenir Malesherbes, Beaumarchais l'obtint. Le Parlement Maupeou, qui avait triomphé des éloquentes Remontrances du premier, succomba sous les épi-

Malheureusement il en est de l'esprit humain comme du globe : il y en a toujours quelque partie dans l'ombre. Les Mémoires de Malesherbes en faveur des Protestants, et ses Remontrances au sujet de la dissolution des Parlements démontrent avec quel zèle et quelle puissance il secondait cette Autorité qu'il aimait, et à la garde de laquelle il avait été appelé par une sorte de prédestination.

Mais en même temps, sans le savoir, il en préparait le renversement.

Dès qu'il découvrait un abus, sans ménagement pour les puissants ni les favoris, il le dénonçait au Roi, lui faisait le sombre tableau des misères qui en étaient la suite, et s'obstinait à demander qu'il y fût porté remède : hardiesse peu commune et qui pouvait produire d'heureux fruits, si ces vérités avaient été dites tout bas. Le peuple, au XVIIIme siècle, était dans l'état de ces malades impatients et ombrageux qu'il faut savoir soigner sans leur découvrir leur mal. Au contraire, Malesherbes ébruitait ses plaintes : détentions arbitraires, exactions des fermiers-généraux, dilapidations du trésor public, il ne taisait rien (1); et ces tristes vérités, pu-

grammes du second. C'est bien là le XVIIIme siècle ! Malheureusement près de quatre années s'étaient écoulées; et autant il eut été sage et politique d'écouter Malesherbes en 1771, autant il était dangereux de donner gain de cause à Beaumarchais en 1774 : rappeler le Parlement après l'avoir supprimé pendant quatre ans, c'était une faute grave, car ainsi la Royauté avouait publiquement sa faiblesse.

(1) Lire notamment ses Remontrances sur les abus fiscaux,

bliées et colportées, prouvaient aux sujets que le Roi était mis en demeure de les soulager; et, comme la centralisation, en le rendant maître de tout, avait aussi rendu sa responsabilité sans limites, c'est à lui seul que ses sujets s'en prenaient si leurs souffrances n'étaient point apaisées. Trop sincèrement dévoué à la Monarchie pour soupçonner sa fragilité, et trop ignorant des hommes pour prévoir leurs violences, Malesherbes se laissait entraîner par son amour du bien public, et ne se doutait pas qu'il habituait ainsi la foule à trouver des torts à la Royauté.

Et combien n'étaient-elles pas dangereuses ces confidences faites à une nation, dont il avait lui-même laissé l'éducation aux mains des Philosophes!

Pendant dix-huit ans, en effet, il avait été chargé, comme Directeur de la Librairie, de donner ou de refuser, au nom du Roi, l'autorisation sans laquelle alors aucun ouvrage ne pouvait paraître. C'étaient des fonctions graves entre toutes, surtout quand il en fut investi, en 1750.

Après avoir fait retentir un dernier écho du siècle écoulé en publiant la *Grandeur et la Décadence des Romains*, par son magnifique ouvrage de l'*Esprit des Lois*, vague aspiration vers une religion, dont l'apôtre n'avait pas encore parlé, Montesquieu venait de marquer le dernier terme de cette pente rapide qui descend de

qui furent rédigées par lui au nom de la Cour des Aides, après la réintégration de cette Compagnie, le 6 mai 1775. Elles sont citées presque complètement par Boissy-d'Anglas, tom. 1, p. 251 et suiv.

Bossuet à Rousseau. L'année précédente, 1749, la philosophie matérialiste, sous une forme encore pure et voilée, avait apparu avec Buffon, qui avait surpris tous les secrets de la nature, hormis celui de son origine, et qu'applaudissait tout Paris, ébloui par le magique éclat de ses peintures et enivré par l'harmonie de son style. Enfin, s'élançant par la brèche qu'avaient ouverte les *Lettres Persanes*, Voltaire s'était attaqué au cœur même de la société; sa raillerie mordante et envenimée avait déchiré toutes les lois, frappé à mort toute autorité; rien n'avait trouvé grâce devant lui, et la France, vaisseau démâté, sans pilote et sans gouvernail, était abandonnée à la merci des vents. De quel côté souffleraient-ils? La pousseraient-ils au port ou aux écueils? Les Philosophes seuls le savaient; car ils regnaient déjà sans partage (1). Ils avaient accès partout. Les plus hauts personnages, les Rois même, leur faisaient la cour et s'enorgueillissaient de les recevoir dans leur intimité. Jusque dans ces boudoirs, où une

---

(1) Aussi Malesherbes disait-il dans son discours de réception à l'Académie Française : « Il s'est élevé un tribunal « indépendant de toutes les puissances, et que toutes les « puissances respectent, qui apprécie tous les talents, qui « prononce sur tous les genres de mérite; et, dans un siè- « cle où chaque citoyen peut parler à la nation entière par « la voie de l'impression, ceux qui ont le talent d'instruire « les hommes, ou le don de les émouvoir, sont, au milieu « du public dispersé, ce qu'étaient les orateurs de Rome et « d'Athènes au milieu du peuple assemblé. »

La plus grande partie du discours nous a été conservée par Boissy-d'Anglas, tom. 2, p. 11 et suiv.

noblesse futile et débauchée faisait étinceler son esprit, dernier débris de son patrimoine d'illustration et de gloire, la Philosophie avait ses entrées et trônait en souveraine; et tandis que par leurs sarcasmes les Sceptiques égayaient les Roués dans leurs orgies, leurs maximes, répétées au peuple, nourrissaient sa haine de l'Autorité, et les posaient à ses yeux en divinités bienfaisantes, éprises d'amour pour lui, et dont les oracles ne pouvaient mentir.

Appelé à observer et à contenir cette puissance qui, à chaque effort, reculait ses limites, qu'avait à faire Malesherbes? Pouvait-il l'arrêter? Henri IV ou Richelieu l'eussent fait: leur regard perçant aurait pénétré les mystérieuses profondeurs de l'avenir; soudain leur bras de fer, s'armant des sévérités de la loi pour châtier ces premiers missionnaires du doute et de l'indiscipline, les aurait forcés au silence; après avoir prudemment réformé les abus, ils se seraient fait eux-mêmes les représentants des idées nouvelles et leur auraient assuré un triomphe durable, parce qu'ils auraient eu la force de les modérer et de les conduire. Cette tâche n'était point celle de Malesherbes, eût-il été un Richelieu, car Louis XV n'aurait pas eu, comme son aïeul Louis XIII, l'admirable bon sens de s'anéantir en son ministre. Résister eût donc été une faute; mais aussi grande peut-être a été celle qu'il commit en se faisant le protecteur de la Philosophie.

Car celle-ci, maîtresse écoutée et obéie, entrait dans une voie funeste. Sceptique et railleuse au début, elle était devenue matérialiste et athée. L'incrédulité s'érigeait en système et tenait école. De toutes parts on prêchait la croisade contre l'Autorité, et les Encyclopédistes, amoncelant contre elle les doctrines les plus contradictoires, bâtissaient leur ouvrage ambitieusement bizarre, qui aurait infailliblement tout détruit si, par son incohérence, il ne s'était détruit lui-même.

Malesherbes ne voyait pas le danger. Comme son siècle, il avait la passion de l'humanité. Aussi il autorisait l'Encyclopédie; croyant combattre pour le bien public, il la soutenait malgré les arrêts du Parlement (1), encourageait les auteurs à s'opiniâtrer dans leur entreprise, et leur dévoilait même les moyens d'échapper à la loi. Pourtant, faisait-il autre chose que déchaîner l'athéisme, c'est à-dire le plus redoutable adversaire de l'Autorité et de la Liberté?

Quoique Diderot et les autres ne fussent pas uniquement poussés, comme Voltaire, par le génie du mal, et que des désirs généreux fussent parfois mêlés à leurs frénétiques attaques, pouvait-on cependant rien attendre d'eux, quand ils se servaient de telles armes? En les voyant ainsi nier Dieu, fouler aux pieds les traditions, briser les principes les plus sacrés, s'allier au mensonge et à la volupté, comment Malesherbes, ce rejeton d'une si vieille souche, cet ami fidèle de la Monarchie et de la vérité, pouvait-il croire

______

(1) « Un arrêt du Parlement condamna l'Encyclopédie à « être brûlée par la main du bourreau : ce qui n'empêcha pas « l'Encyclopédie de s'achever par la protection du Directeur « de la Librairie et du duc de Choiseul. » (Poujoulat, *Explication de la Révolution Française,* tom. 1, p. 32.)

qu'eux et lui étaient les soldats de la même cause? Ignorait-il donc que cette autorité religieuse, bafouée par la Philosophie, avait sauvé l'Europe de la barbarie et fait de ses vainqueurs féroces les artisans de la civilisation, en courbant sous son joug ces fronts qui n'avaient jamais plié? Qu'elle-même avait fondé l'avenir de la France et de la Royauté le jour où Grégoire VII s'était dressé tout-à-coup menaçant comme un prophète de l'Ancien Testament, et par la seule puissance de sa foi audacieuse avait arraché les prêtres et les princes à leurs débauches et les seigneurs féodaux à leur tyrannique oisiveté? Ignorait-il que ses enseignements et ses exemples étaient les plus fermes appuis du trône? Et s'il le savait, comment ne prévoyait-il pas que dans sa chute elle entraînerait l'autorité royale; qu'alors, déchu de son antique splendeur, sans chefs ni lois, le pays, au lieu de conquérir la liberté, roulerait dans l'anarchie, et que tous, comme l'abbé Fauchet, s'écrieraient dans le délire du matérialisme : « Jurons que nous serons heureux ! »

Toutes prochaines qu'elles étaient, ces conséquences échappaient à ses regards. Plongé dans les ténèbres de la Philosophie, il marchait à l'aventure et devait s'égarer encore.

Un homme a surgi tout-à-coup. Dans ce siècle d'exquise politesse et d'humeur facile, sa nature âpre et chagrine se détache et fixe tous les yeux. On sait qu'il se nomme Rousseau, mais nul ne le connaît. Il ne suit les pas de personne et, marchant avec une fière indépendance hors des sentiers battus, il se trace à lui-même sa voie. Pour lui la destruction de toutes les croyances reçues n'est pas un but, ce n'est qu'un moyen. La mission qu'il se donne est d'annoncer la vérité. Le scepticisme a fait sa journée ; à lui maintenant, hardi prédicant, de faire la sienne ! Et il s'avance pour élever sur le sol ravagé l'édifice qu'il a conçu dans sa pensée. Il vient, dit-il, pour rendre aux hommes leur rang que la civilisation leur a fait perdre (1). Qu'on dénoue leurs entraves, qu'on les livre à leurs inspirations, et, selon lui, les plus nobles desseins feront tressaillir toutes les âmes, et tous les cœurs s'épanouiront à la vertu, car « l'homme est né bon » (2), et les institutions sociales font seules de lui un être pervers, brutal, avide, voluptueux et couronnant tous ses vices par l'hypocrisie (3) ! Que cet esclavage ait enfin son terme !

(1) « Pour le poète, c'est l'or et l'argent ; mais pour le « philosophe, ce sont le fer et le blé qui ont civilisé les « hommes et perdu le genre humain. » (*Discours sur l'Origine de l'Inégalité parmi les hommes*. Ed. Firmin Didot, p. 83.)

(2) *Discours sur l'Origine de l'Inégalité parmi les hommes*, p. 115, note 9.

(3) « Il me reste à considérer et à rapprocher les différents « hasards qui ont pu perfectionner la raison humaine en « détériorant l'espèce, rendre un être méchant en le ren- « dant sociable, et, d'un terme si éloigné, amener enfin « l'homme et le monde au point où nous le voyons. » (*Ibid.*, p. 75.)

« . . . . . Rien n'est si doux que l'homme dans son état « primitif, lorsque, placé par la nature à des distances éga- « les de la stupidité des brutes et des lumières funestes de « l'homme civil, et borné également par l'instinct et la rai- « son à se garantir du mal qui le menace, il est retenu par

Que le pauvre, à l'en croire, cesse de tolérer ce riche qui l'oppresse (1), et qui a osé enceindre ses champs et les dire sa propriété, quand « la terre n'est à per- « sonne (2). » Que tous les deux, rendus à « l'état de

« la pitié naturelle de-faire lui-même du mal à personne,
« sans y être porté par rien, même après en avoir reçu;
« car, selon l'axiôme du sage Locke, il ne saurait y avoir
« d'injures là où il n'y a point de propriété. » (*Ibid.*, p. 82.)

Et *ibid.*, p. 86, tout l'alinéa commençant par ces mots : « Voilà donc toutes mes facultés développées. . . . . . . »

« Il me suffit d'avoir prouvé que ce n'est point là l'état
« originel de l'homme, et que c'est le seul esprit de la société
« et l'inégalité qu'elle engendre, qui changent et altèrent
« ainsi nos inclinations naturelles.» (*Ibid.* p. 105.)

(1) S'adressant aux riches : « Ignorez-vous qu'une multi-
« tude de vos frères périt ou souffre du besoin de ce que vous
« avez de trop, et qu'il nous fallait un consentement exprès
« et unanime du genre humain, pour vous approprier sur
« la subsistance commune tout ce qui allait au-delà de la
« vôtre ? . . . . » et la suite. (*Ibid.*, p. 88.)

« Telle fut ou dut être l'origine de la société et des lois, qui
« donnèrent de nouvelles entraves au faible et de nou-
« velles forces au riche, détruisirent sans retour la liberté
« naturelle, fixèrent pour jamais la loi de la propriété et de
« l'inégalité, d'une adroite usurpation firent un droit irré-
« vocable, et, pour le profit de quelques ambitieux, assu-
« jétirent désormais tout le genre humain au travail, à la
« servitude et à la misère. » (P. 90.)

(2) Le premier qui ayant enclos un terrain s'avisa de dire,
« *ceci est à moi*, et trouva des gens assez simples pour le
« croire, fut le vrai fondateur de la société civile. Que de
« crimes, de guerres, de meurtres, que de misères et d'hor-
« reurs n'eût point épargné au genre humain celui qui, arra-
« chant les pieux et comblant les fossés, eût crié à ses sem-

« nature », et vivant « des fruits qui sont à tous »,
errent en maîtres à travers ce monde qui leur appartient, et leurs destinées seront accomplies (1)!

Prémisses funestes! Si les institutions dépravent
l'homme, pourquoi les souffrir plus longtemps? Et
quand elles auront été rasées, pourquoi les réédifier?
Si la société repose sur un pacte et que le pacte ne
soit pas religieusement exécuté, ne sera-t-il pas légitime de la renverser? Et si les riches ne sont devenus
tels que par le consentement des pauvres, pourquoi les
pauvres ne voudraient-ils pas être les riches à leur
tour? Raisonnement qu'on devait suivre jusqu'à ses
plus extrêmes conséquences, et qui, après avoir été le
programme sinistre de la plus terrible catastrophe,
devait épouvanter la postérité comme la justification de
la guerre civile et du pillage.

A peine cette voix a-t-elle vibré, que l'âme de Malesherbes résonne comme un harmonieux écho. Ne mesurant pas mieux que Rousseau lui-même la portée de
ces doctrines, il ne comprend pas que le *Discours sur
l'Inégalité des Conditions* minera le trône et la société
tout entière. Il ne voit en ce nouveau venu qu'un

« blables : Gardez-vous d'écouter cet imposteur; vous êtes
« perdus si vous oubliez que les fruits sont à tous, et que la
« terre n'est à personne! » (*Ibid.*, p. 76).

(1) « Plus on y réfléchit, plus on trouve que l'état (*voisin
« de l'état de nature*) était le moins sujet aux révolutions, le
« meilleur à l'homme, et qu'il n'en a dû sortir que par quel-
« que funeste hasard, qui, pour l'utilité commune, eût dû
« ne jamais arriver. » (*Ibid.*, p. 83, et la note, p. 138).

mâle et courageux citoyen prêchant l'indépendance et la souveraineté du peuple, et il le salue de ses applaudissements. Les pages, qui tombent de cette plume ardente, exhalent un parfum de sincérité, qui le charme et l'attire. Peu à peu il se sent entraîné par une irrésistible sympathie vers cet homme étrange, qui fait profession d'égoïsme, d'ingratitude, de brutalité même, mais dont la nature sauvage s'éclaircit par instants et s'illumine des reflets doux et purs d'une âme toute poétique. Il a grande compassion de ce solitaire haineux, fou d'orgueil au point de s'écrier :

Barbarus hic ego sum, quia non intelligor illis (1),

mais que frappent d'une tendre admiration « l'or des « genêts et la pourpre des bruyères (2), » et dont le génie, à la vue de la campagne, s'envole à dès hauteurs que nul œil ne peut mesurer. N'était-il pas du même sang que lui ce poète, qu'émeuvent jusqu'aux larmes le majestueux ombrage et le silence des bois; qui, fuyant les bruits du monde, revient sans cesse s'abîmer dans la contemplation de cette nature qu'il adore; et qui, chaque jour plus avide et plus ému, se penche vers elle comme vers une coupe enivrante, pour y puiser à longs traits l'oubli de sa misère et rafraîchir ses lèvres desséchées? Aussi Malesherbes devint bientôt plus que son patron : il fut son ami; liaison tou-

____

(1) Epigraphe du *Discours sur l'Influence des Sciences et des Arts.*

(2) *Troisième Lettre à M. de Malesherbes,* éd. F. Didot, p. 507.

chante et généreuse, qu'on admirerait, si son engoue-
ment pour les aberrations du *Discours sur l'Inégalité
des Conditions* n'en avaient été la source et si, pour la
nouer, il n'avait pas fallu d'abord qu'il trahît la cause
de l'Autorité !

Désormais il soutiendra Rousseau de tous ses efforts,
et l'aidera à surmonter tous les obstacles. Grâce à lui,
sera publié *l'Emile*, surprenant mélange d'erreurs et
de vérités, de doute et de croyance; et le cri de douleur, qu'à l'apparition de cette œuvre pousseront ensemble le Parlement, l'Archevêque de Paris, la République même de Genève, ne l'ébranlera pas. Mais alors,
du moins, rendons-lui cette justice, il était mieux inspiré. Dans ce livre, où sont entassés bien des sophismes, l'amour de la justice et du devoir avait pourtant
empreint sa trace. C'était la première fois qu'on osait
démasquer cette philosophie arrogante et moqueuse,
dont Voltaire avait conduit le triomphe (1), et maudire
ce matérialisme, qu'Helvétius avait prôné, et qui, s'in-
filtrant dans les cœurs comme un poison subtil, les

(1) « Ce ne sont point les Philosophes qui connaissent le
« mieux les hommes; ils ne les voient qu'à travers les pré-
« jugés de leur philosophie, et je ne sache aucun état où l'on
« en ait tant. . . . . « Je consultai les Philosophes,
« je feuilletai leurs livres, j'examinai leurs diverses opi-
« nions; je les trouvai tous fiers, affirmatifs, dogmatiques
« même dans leur scepticisme prétendu; n'ignorant rien,
« ne pouvant rien, se moquant les uns des autres; et ce
« point commun à tous me parut le seul sur lequel ils avaient
« tous raison. Triomphants quand ils attaquent, ils sont
« sans vigueur en se défendant. Si vous pesez les rai-

flétrissait dans leur première fleur. Malgré son implacable logique, son orgueil et son irréligion, le premier de tous Rousseau réhabilitait l'âme et lui rendait quelque croyance en la rattachant à son divin principe. Assurément son déisme, philosophie débile, ne ramenait pas la lumière, mais c'était une étoile, messagère d'espérance, dont les pâles et tremblants rayons, scintillant à travers tant d'épais nuages, faisait souvenir des cieux. Aussi doit-on beaucoup plus pardonner à Malesherbes d'avoir corrigé les épreuves de *l'Emile* que d'avoir fait aux encyclopédistes ou à l'auteur du *Contrat social* un rempart de son crédit et de son honnêteté. Néanmoins on ne peut pas l'absoudre complètement, car, cette fois encore, Rousseau sapait l'Autorité, et le Directeur de la Librairie, s'il était impuissant à l'arrêter, ne devait pas du moins se faire son complice.

Hélas ! confiant, plein d'espoir, les yeux attachés sur un but qu'il n'atteindra jamais, il ne soupçonnait guères quels fruits on recueillerait à l'heure prochaine de la moisson ! Il le soupçonnait si peu que, non content d'avoir obstinément donné la parole aux Philosophes, il la prit à son tour comme Premier Président de la Cour des Aides, et que, devenu Ministre, il n'hésita pas à mettre la main à l'œuvre.

Des cimes qu'habitait sa pensée, il avait entrevu

« sons, ils n'en ont que pour détruire ; si vous comptez les
« voix, chacun est réduit à la sienne ; ils ne s'accordent que
« pour disputer. » (Emile, *Prof. de Foi du Vicaire Savoyard.*

l'image radieuse d'un peuple heureux par la liberté, et, pénétré d'un saint enthousiasme, il s'était lancé à sa poursuite.

Il s'abusait étrangement sur la distance et les obstacles !

A la tête de tout Etat libre et qui veut garder sa liberté, ne faut-il pas une Aristocratie, c'est-à-dire une classe de citoyens, enchaînés les uns aux autres par de communes traditions d'honneur et de patriotisme, devenus par leur intelligence et leurs lumières l'élite de la nation, puisant toute leur autorité dans leur dévouement protecteur et paternel pour les classes inférieures, et d'autant plus influents qu'ils n'ont jamais souci d'usurper sur le trône qui les domine ?

Or, quelle classe, au XVIIIᵉ siècle, pouvait remplir cette mission ?

Ce n'était assurément pas la Noblesse. Résignée au sort que lui avaient fait Richelieu et Louis XIV, elle avait abdiqué toute influence politique. En vain le Régent avait tenté de l'appeler aux conseils de la couronne, elle s'était presque aussitôt dérobée à ce rôle qui pouvait lui rendre quelque pouvoir. Ses vieilles et glorieuses traditions semblaient même lui être à charge, et, quand les Philosophes les tournaient en ridicule, elle en riait avec eux. Elle ne se montrait jalouse que de ses préséances et de ses priviléges pécuniaires et, au lieu de s'assouplir avec le peuple, elle l'aigrissait par ses hauteurs. En un mot, la Noblesse alors n'était pas une Aristocratie, elle n'était qu'une caste.

Bien que plus éclairée et plus animée du sentiment national , la Bourgeoisie cependant n'était pas mûre encore pour une tâche si haute. Ce qu'elle avait été devait faire prévoir ce qu'elle serait. Après avoir conquis ses franchises municipales , elle avait été inhabile à les faire respecter , et avait constamment donné la preuve de son ambition plus que de son amour sincère de la liberté (1). En fut-il autrement , quand le pouvoir tomba entre ses mains ? Elle proclama ses droits avec transport ; mais son ardeur était toute juvénile , et elle ne la maîtrisa pas. Une

(1) « Nulle part, si ce n'est en Bretagne , et par des rai-
« sons tenant à l'histoire particulière de cette province, la
« résistance des anciens corps constitués aux empiètements
« de l'autorité centrale, n'amena autre chose qu'une oppo-
« sition indécise, et des conflits sans gravité. (Aug. Thierry,
Hist. du Tiers-Etat, p. 227.)

« . . . . L'idée vint au gouvernement de s'emparer des
« Magistratures urbaines et de tous les emplois à la nomi-
« nation des villes, de les ériger en offices héréditaires, et
« de les vendre le plus cher possible (1692) . . . . . . En met-
« tant à l'enchère ces offices devenus royaux et parés du
« titre de Conseillers du Roi, on avait spéculé *sur la passion*
« *des riches familles bourgeoises pour les charges héréditaires;*
« de l'autre, sur l'attachement des villes à leurs franchises
« immémoriales; et cette audacieuse confiscation du régime
« municipal, était fondée sur l'impuissance politique, où,
« malgré la popularité de ses formes, ce régime se trouvait
« réduit. En effet, *aucun soulèvement n'eut lieu pour sa*
« *défense; il n'y eut qu'une plainte universelle plus ou moins*
« *vive, plus ou moins amère, mais partout suivie de sou-*
« *mission.* » (*Ibid.*, p. 228-229.)

Le même fait se reproduisit sept fois pendant quatre-vingt ans.

usurpation suivit de près sa victoire ; comme le trône lui portait ombrage, elle le laissa crouler. Ainsi, compter sur elle c'était la mal connaître, et dèslors si la Noblesse ni la Bourgeoisie, dépourvues l'une et l'autre de prévoyance et d'esprit politique, ne pouvaient constituer une Aristocratie, sur quelles bases aurait on fondé la liberté ?

De plus, comment Malesherbes songeait-il à rendre libre un peuple sans religion ? S'il n'entend plus cette voix sacrée, qui donc démentira les conseils de son orgueil, et lui dira qu'il doit se soumettre à ses princes et à ses magistrats, et que, si protester au nom de sa dignité est parfois du courage, se révolter est toujours un crime ? Pour un peuple sans croyances, il n'y a plus de loi morale, ou du moins si le scepticisme l'a laissée debout, elle est comme si elle n'était pas, parce qu'elle manque de sanction ; et un tel peuple, habitué qu'il est à se laisser balloter au gré de ses plus orageuses passions, ne peut point vivre en liberté. La liberté ! Il ne la connaît même pas : est-elle autre chose, en effet, que le prix de continuelles victoires sur soi, et le seul homme libre n'est-il pas celui qui a su se dompter lui-même ?

Enfin, les idées et les tendances de la nation étaient un obstacle à l'avènement de la liberté. Louis XV, abandonnant la politique de son aïeul, avait pris à tâche d'éloigner cette Bourgeoisie, dans les rangs de laquelle Louis XIV avait recruté ses Bossuet, ses Catinat, ses Colbert, et qui, représentée par ces brillants génies, avait donné tant de puissance au trône et d'éclat à la France. Ses préférences, à lui, étaient pour la Noblesse (1), et celle-ci, humiliée par l'échec qu'elle avait souffert, ne s'était relevée que plus dédaigneuse. De son côté, la Bourgeoisie jalousait cette rivale dont, pendant un demi-siècle, elle avait marché l'égale (2), et la contraindre à partager avec elle ce premier rang, que la faveur royale lui avait seule rendu, était le terme de tous ses efforts. Enfin, irrité et ruiné par cette double oppression, excité par les Philosophes dont les doctrines enflammaient son orgueil, le peuple, comme tous ceux qu'exaspère l'excès de la souffrance, s'en prenait de ses maux moins aux individus qu'aux institutions elles-mêmes, et, à ses yeux, le remède était de n'avoir plus au-dessus de lui ni nobles, ni bourgeois. En un mot, au XVIIIme siècle, le rêve de tous était l'égalité.

Or, l'égalité et la liberté, prises dans un sens absolu, sont deux principes inconciliables, et qui sont l'un à l'autre comme le désordre est à l'harmonie. Si nous avons le droit de prétendre à la liberté politique, c'est que Dieu nous a donné la liberté morale. Ne serait-il pas, en effet, souverainement illogique et contradic-

(1) « Un Règlement de 1760 interdit l'entrée de la Cour à « quiconque ne prouvera point, *au moins d'après trois titres* « *originaux, qu'il était noble de sang en l'an 1400.* » (Poujoulat, *Explication de la Révolution Française*, tom. 1, p. 39.)

(2) Ce qui faisait dire à St-Simon, que le règne de Louis XIV avait été « un règne de vile bourgeoisie. » Et le souverain mépris, qui dictait ces amères paroles, était commun à la Noblesse entière.

toire que nous ne puissions pas disposer de nous pour un temps, quand nous le pouvons pour l'éternité? Mais Dieu a-t-il de même mis quelque part sous nos yeux l'image de l'égalité? Non. Rien n'est égal dans la nature : tout est différence et variété. Le flot ne ressemble pas au flot qui le pousse, ni la feuille à la feuille qu'a nourrie le même rameau, et, subissant la loi commune, l'homme ne ressemble pas à l'homme. Jamais sur deux fronts le Créateur n'a gravé la même empreinte; jamais, pâles ou resplendissantes, deux intelligences n'ont été obscurcies des mêmes ténèbres ou inondées de la même lumière; et tous serions-nous donc possédés du même amour du bien et riches des mêmes vertus? Autour de nous tout est hiérarchie. Les uns commandent, les autres obéissent; ceux-ci montent vers le ciel, ceux-là rampent à terre; les années s'amoncellent sur le front de l'un, et l'autre n'atteint même pas au soir du matin qui l'a vu naître. Qui donc a allumé en nous cette passion de l'égalité? Osons l'avouer, c'est l'orgueil. Comment alors concilier la liberté et l'égalité, si l'une est un don de Dieu et l'autre un fruit de la passion? On n'aspire à la première que pour pouvoir lutter et remplir pleinement sa mission de citoyen; la seconde n'est qu'un moyen de retenir à son niveau ceux qui pourraient le dépasser, et d'arriver à ce que tous, faibles ou forts, soient de droit au premier rang. Est-il rien qui puisse moins s'accorder? Non, poursuivre l'égalité c'est renoncer à la liberté; nous ne pouvons pas être égaux et libres à la fois!

Ces vérités, trop démontrées depuis par l'expérience, ne frappaient pas Malesherbes. Aussi dans ses Remontrances il revendiquait « les droits de la nation, » demandait qu'on proclamât son indépendance en convoquant les Etats-Généraux, et qu'on lui octroyât enfin cette liberté, qui suppose toutes les autres, la liberté de la presse.

Quand Louis XVI l'appela au ministère, il se conduisit d'après ses théories. A peine y fut-il entré, qu'il se ligua avec son collègue et ami Turgot, ce ministre honnête et ferme jusqu'à la raideur, doué non pas sans doute du génie qui accomplit les réformes dans la sage mesure et au temps opportun, mais au moins du génie qui les conçoit et les prépare. Tous deux vivaient de la même espérance, et voulaient que Louis XVI émancipât le peuple et l'associât au gouvernement; comme si pousser à la liberté un peuple sans aristocratie, sans foi politique ni religieuse, et discutant tout au nom de l'égalité, ce n'était pas le pousser fatalement à la licence et à l'anarchie.

Mais, Malesherbes l'a dit lui-même, cette connaissance des hommes leur manquait. Ils croyaient que la liberté garderait toujours cette éclatante pureté, dont l'embellissait leur imagination contemplative; et ni l'un ni l'autre ne prévoyaient combien leur chimère s'évanouirait vite, et quelle serait la fin de ce règne, dont tant d'enthousiasme avait salué la joyeuse aurore.

Le voile ne tarda pas à se déchirer. Déjà, lorsque Malesherbes avait quitté le ministère, la frivolité des courtisans, les divisions continuelles de la Noblesse et du Clergé et leur égoïste opposition lui avaient fait présager que les jours pourraient devenir mauvais (1). Pourtant, quand les Etats-Généraux furent convoqués, il reprit espoir. Il crut que le peuple, appelé à se prononcer sur ses intérêts, triompherait facilement de l'orgueilleuse obstination dés ministres, que le Roi, puisant dans cette expression de la volonté nationale l'énergie qui lui manquait, réformerait l'Etat, et que la France prendrait son essor vers les destinées qu'il avait rêvées pour elle, sous un Gouvernement fondé sur l'ordre, la monarchie et la liberté.

Mais l'illusion ne fut pas longue. Des symptômes alarmants se manifestaient. Le Tiers-Etat avait combattu avec une bravoure toute française, et triomphé avec une noble fierté; mais, maintenant qu'il fallait jouir de la victoire en la rendant féconde, il laissait voir de l'incertitude dans ses allures, de mesquines susceptibilités, d'impolitiques ambitions et dans ses plus généreux desseins plus d'enthousiasme que de sagesse. Parce qu'il avait vaincu la Noblesse, il se croyait invincible, et ne s'apercevait pas que peu à peu sa puissance était envahie par un parti, qui, loin d'avoir ses lumières et son honnêteté, avait la passion pour mobile et la violence pour moyen. Il fit bientôt alliance intime avec lui sans voir que cet

(1) « On dira, écrivait-il au Roi en 1787, que le danger « d'une insurrection ne peut pas être prochain. Celui qui « l'assurerait me paraîtrait bien téméraire! » (Boissy-d'Anglas, tom. 2, p. 85.)

allié perfide le couduisait au pire des despotismes,
parce qu'il l'y conduisait par la liberté. Comme il
ne croyait plus à rien, et que là, où la foi est
éteinte, la vérité ne luit plus, il acceptait tous les
sophismes, et se perdait dans les théories les plus
chimériques. Abattant toutes les institutions, sans en
relever aucune; parlant avec emphase des droits du
citoyen, sans lui rappeler jamais ses devoirs; se
posant en antagoniste de la Royauté; bouleversant
tout du haut en bas; brouillant dans un immense
désordre les rapports des citoyens entre eux et leurs
rapports avec l'Etat; violant le droit sacré de propriété, base de toute société, par une usurpation,
dont la postérité devait plus d'une fois gémir, les
vainqueurs de 1789 préparaient les voies à ceux de
1793, et chaque jour reprenaient plus impétueux
cette course sans but sous l'étreinte de Mirabeau,
dont l'éloquence ardente était comme un éperon
qu'il leur enfonçait dans les flancs. Vainement eus-
sent-ils voulu s'arrêter, ils n'étaient plus les maîtres.
Quand on a brisé, comme ils l'avaient fait, tous les
liens qui retiennent un peuple, celui-ci devient un
torrent saus digues, dont le courant ne se remonte
jamais : il faut marcher, il faut courir, il faut se
précipiter avec lui.

Quant au malheureux Roi, qu'entouraient des conseillers utopistes ou craintifs, il se prêtait aux plus
audacieuses exigences, s'obstinant à reculer devant
une résistance qui, si elle n'eût pas sauvé sa couronne, aurait du moins sauvé sa dignité. Avec une

faiblesse qui n'avait d'égale que son honnêteté, de concessions en concessions, il était descendu jusqu'à flatter du regard une populace insultante, à placer sur son front royal le symbole révolutionnaire et à signer la déclaration des Droits de l'Homme, ce monument d'orgueil et d'imprévoyance, qui faisait de lui, petit-fils de Louis XIV, un fantôme de roi.

Bientôt enfin le fantôme lui-même s'affaissa.

Alors les paysans, comme autrefois ceux d'Allemagne à la voix de Luther, promenèrent de château en château l'incendie et la mort. Dans les couvents et les prisons le sang ruissela. Plus de justice. Plus de religion. Tous les pouvoirs se heurtèrent éperdus dans une confusion sans exemple. Le peuple de Paris tout entier se tut par effroi devant une poignée d'assassins; et l'Assemblée nationale, dernier vestige de l'autorité publique, s'épuisa dans de stériles débats et des désordres inouïs au bruit de l'émeute, dont les flots grondaient à ses portes et montaient d'heure en heure. Puis un jour, du sein de ce chaos sanglant et des œuvres de Maillard, Marat et Danton, la République naquit..... Oui, la République! qu'avait environnée de tant de magie la poétique imagination de Platon et les destinées d'Athènes et de Rome! celle qui avait été la mère féconde et glorieuse des Aristide et des Fabricius, des Phidias et des Euripide, apparaissait à la France dans un berceau, placé sur un amas de cadavres et de ruines et sous la garde de la plus hideuse trilogie! Jour néfaste que celui-là, car tout prestige tombait!

Du fond de sa solitude, Malesherbes assistait à ce

désastre immense. Il avait vu tous ses rêves les plus chers emportés par la vague révolutionnaire', et tour à tour engloutis par elle. Il avait voulu par des réformes généreuses, mais trop précipitées, modérer la Royauté ; le trône était brisé, et Louis XVI était au Temple. Il avait poursuivi pour le peuple, encore sans expérience de la liberté, une initiation complète au gouvernement de l'Etat ; et ce peuple, s'il ne les dressait lui-même, laissait dresser en son nom les tables de proscription. Et tout cela était survenu sans soubresauts, sans coup-d'état, comme une conséquence logique. Quelle leçon sévère et douloureuse pour lui ! Quels tristes retours elle lui fit faire sur son passé ! Car il l'avait comprise : « Pour faire un bon ministre, « dit-il un jour avec une touchante humilité, l'ins- « truction et la probité ne suffisent pas ; Turgot et « moi nous en avons été la preuve. Notre science « était toute dans les livres, et nous n'avions aucune « connaissance des hommes. » Paroles profondément amères, qui nous font pressentir quels ont dû être les tourments de son cœur ! Poursuivi par la vue de maux dont il pouvait se croire coupable, et à la fois par le sentiment de son impuissance, même à les combattre, n'a-t-il pas connu la plus grande des douleurs ? Quand il traversait alors cette longue galerie, où étaient placés les portraits de ses ancêtres, et qui était, dit-on, la plus riche de France ; quand son œil comptait tous ces vaillants serviteurs du Roi, qui avaient si fièrement porté l'honneur de leur race, combien de fois le grand seigneur et l'ancien ministre dût se sentir oppressé! Pourtant il pouvait passer le front haut parmi eux, car il allait se montrer plus grand qu'ils ne l'avaient été tous ensemble au Parlement ou sur les champs de bataille, et, bien loin d'avoir démérité, les illustrer tous par le plus admirable sacrifice. . . . .

. . . .

C'était le **13** décembre **1792**, lendemain du jour où Louis XVI, accusé par la Convention et traduit devant elle, avait subi son interrogatoire et désigné Target pour l'un de ses défenseurs. Deux lettres étaient déposées sur le bureau du président de la Convention (1). L'une, après une longue énumération de prétextes frivoles, se terminait ainsi :

« Je refuse cette mission par conscience. Un homme « libre et républicain ne peut pas consentir à accepter « des fonctions dont il se sent entièrement incapable. »

Et portait pour signature ces mots : « Le républicain « TARGET. »

Voici la seconde :

« J'ignore si la Convention donnera à Louis XVI un « conseil pour le défendre, et si elle lui en laissera le « choix. Dans ce cas-là, je désire que Louis XVI sa- « che que, s'il me choisit pour cette fonction, je suis « prêt à m'y dévouer. Je ne vous demande pas de « faire part à la Convention de mon offre, car je suis

____

(1) Recueil complet et authentique des Procès-Verbaux, Rapports, Discours, etc., faits à la Convention nationale, concernant le Procès du ci-devant Roi. . . . . ., par Jauffret, tom. 5, p. 80.

« bien éloigné de me croire un personnage assez im-
« portant pour qu'elle s'occupe de moi. Mais j'ai été
« appelé deux fois au conseil de celui qui fut mon
« maître dans le temps que cette fonction était ambi-
« tionnée par tout le monde ; je lui dois le même ser-
« vice, lorsque c'est une fonction que bien des gens
« trouvent dangereuse.

« Si je connaissais un moyen possible pour lui faire
« connaître mes dispositions, je ne prendrais pas la li-
« berté de m'adresser à vous. J'ai pensé que dans
« la place que vous occupez, vous aurez plus de
« moyens que personne pour lui faire passer cet avis.

« Signé : Lamoignon de Malesherbes. »

Je ne sais point quel effet produisit cette lecture sur
ceux qui l'entendirent, mais, à moins qu'ils n'eussent
étouffé en eux tout sentiment, ils durent frissonner d'émotion. Rien d'égal s'était-il jamais vu ? A cette Assemblée,
au sein de laquelle n'avaient cessé de s'entre-croiser,
dès la première séance, les invectives et les menaces
de mort, qui bondissait à la moindre blessure et se
promettait d'implacables vengeances, un homme vient
fièrement dire pour première parole que, bien qu'elle
se soit érigée en tribunal, il doute de son humanité !
Aux yeux de ceux-là même, dont la plupart avait déjà
broyé la Royauté et s'apprêtait à en effacer jusqu'au
dernier vestige, il s'incline avec une courageuse et éloquente simplicité devant celui qu'ils veulent pour victime et leur captif il le nomme son maître ! Quand
d'autres reculaient « par conscience, » par conscience

il s'élançait, lui, vieillard septuagénaire! Au moment même où d'autres, blanchis dans le Barreau, refusaient l'appui de leur parole au royal accusé, lui, dont le dévouement n'était pas provoqué, s'avançant à la barre avec une noble audace, s'improvisait avocat! Et, loin de s'abaisser devant les nouveaux vainqueurs et d'affecter, en se disant « le républicain, d'être de leur famille, il étalait au contraire tous ses titres de noblesse, et pour ce jour de péril il redevenait un Lamoignon! Oh! je n'hésite pas à le dire, si, à la vue de cette modestie et de cette fidélité héroïque, la Convention n'a pas senti palpiter son cœur, c'est pour elle une honte plus grande que ses cruautés et sa tyrannie!

Du moins ne refusa-t-elle pas à Malesherbes la dangereuse faveur qu'il sollicitait.

Aussitôt et sans perdre un instant, celui-ci courut au Temple. Mais en gravissant entre une haie de soldats l'escalier qui conduisait chez le Roi, il sentit ses forces défaillir, et il s'évanouit. Pourtant il remplit sa tâche jusqu'au bout, et avec quel courage, tous le savent. Il passait des journées presque tout entières avec le Roi, l'entretenant surtout de ses vieux serviteurs et de leur opiniâtre fidélité; et, le soir, réuni à Desèze et Tronchet, il discutait les moyens de défense. Quand vint le jour fixé par la Convention, cédant à un autre plus jeune et plus rompu que lui aux luttes de la barre un honneur, qu'il eut pu revendiquer au nom de la spontanéité de son dévouement, il ne défendit pas Louis XVI et vint humblement s'asseoir à ses côtés. Mais cette seule présence de Malesherbes n'était-elle pas plus éloquente que toutes les paroles, et Louis XVI pouvait-il donner un plus saisissant témoignage de son honnêteté que de paraître devant ses juges assisté de ce dernier ami ?

On sait de quelles clameurs tumultueuses retentit la Convention pendant les trois semaines qui suivirent. Le cynisme et l'hypocrisie, portés à leur comble, éclataient chaque jour dans de féroces déclamations ou des sarcasmes révoltants et, si quelque voix généreuse tentait de s'élever, elle était aussitôt étouffée sous les huées farouches et les imprécations des Tribunes publiques. Pendant ce temps, Malesherbes continuait son œuvre de dévouement, et s'efforçait par mille moyens de distraire Louis XVI de sa douleur et de soutenir sa fragile espérance.

Quand les discussions de la Convention furent terminées, par une admirable condescendance pour les désirs du Roi, il vint dans une tribune pour assister à l'appel nominal. Il passa là deux jours (1), deux jours de déchirante angoisse ! se débattant contre lui-même avec un courage inébranlable, et entendant jusqu'au dernier tomber un à un les suffrages de mort. Aussi, quand tout fut achevé, fallut-il qu'une main amie (2) le soutint et l'entrainât. Mais aussitôt, se redressant par un sublime effort, il reprit le chemin du Temple, et voulut y annoncer lui-même le dénouement de cette lugubre scène.

Il ne le put ! En présence de ce Roi tant aimé, son

(1) Mercredi 16 et jeudi 17 janvier 1793.
(2) M. Hydes de Neuville.

émotion le suffoqua et il se précipita à ses genoux en sanglotant. Louis XVI comprit. Avec un calme incomparable d'une main il releva le vieillard, et de l'autre lui montrant le ciel, il lui reprocha doucement son désespoir.

Après cette première explosion de sa douleur, Malesherbes se refusant à imiter la résignation du Roi, résolût de tout tenter pour conjurer le fatal arrêt. Le lendemain il se rendit à la Convention pour protester contre la manière dont les voix avaient été comptées. Effort inutile ! A peine eut-il balbutié quelques mots, que ses larmes l'interrompirent (1); mais celles-là du moins Louis XVI ne les eut point blamées; devant de tels Juges c'était certes du courage que d'oser pleurer le condamné ! La Convention resta impassible. Que le tyran meure demain, répondit-elle ; et, comme la veille, l'héroïque Avocat réclama pour lui le douloureux privilége de porter au Temple cette froide et criminelle parole.

Le Roi la reçut sans étonnement et sans trouble.

Malesherbes touchait au terme de sa triste mission. Quelques instants encore il demeura auprès du Roi, qui lui parla avec une consolante fermeté de son mépris pour la mort et de ses aspirations vers Dieu. Puis il lui demanda ses derniers ordres. Louis alors le pria d'aller lui chercher un prêtre, et, le serrant une dernière fois entre ses bras, il ajouta d'une voix émue: « Oui, mon ami, la religion, oh ! la religion ! elle

(1) (Jauffret, *Loc. Cit.*, tom. 8, p. 268.)

« console bien autrement que la philosophie (1)! »
Ce fut là son adieu suprême. Ils se séparaient pour toujours.

A l'heure où l'odieux attentat fut consommé, Malesherbes, ne pouvant plus contenir son indignation,
quitta Paris en maudissant avec une éloquente violence,
ce peuple souillé d'un sang si pur (2), et il regagna sa
solitude.

Mais qu'il y revenait différent de lui-même! Son
esprit avait subi une sorte de régénération et brillait
éclairé de clartés nouvelles. Les derniers mots que lui
avait dits Louis XVI et qu'il avait recueillis comme un
funèbre héritage, lui revenaient sans cesse à la mé-
moire. Puis, en même temps, il se représentait ce
Roi, précipité du trône le plus beau du monde, cruel-
lement séparé d'une famille adorée, abreuvé pendant
de longs mois d'outrages et d'ingratitude, conduit
enfin à une mort qu'on avait voulu rendre la plus
ignominieuse en feignant de l'avoir jugé ; et pourtant
gardant une inaltérable sérénité, parlant avec amour
de son peuple révolté, consolant ceux qui pleuraient
autour de lui, surprenant par son angélique douceur
ses juges, ses geôliers, son bourreau lui-même (3), et

(1) Châteaubriand, *Mélanges politiques et littéraires*, p. 50,
éd. Firmin Didot.

(2) « . . . . Les montres ! . . . . . avec quelle cruauté
« basse et féroce ils l'ont traité ! . . . . » (*Biographie universelle, V. Malesherbes*, p. 364.)

(3) Voici, en effet, ce qu'écrivait celui-ci, un mois après
l'exécution de Louis XVI, en réponse à un article du *Ther-*

après cette agonie magnifique , gravissant les degrés de l'échafaud avec la majesté d'un Roi et l'assurance d'un Saint. Alors , comme la plante au lever du soleil ,

momètre *Politique*, dans lequel le rédacteur Dulaure appuyait un récit mensonger de la mort du Roi sur le témoignage de l'exécuteur des arrêts criminels :

« Citoyen ; un voyage d'un instant a été la cause que je « n'*ais* pas *eut* l'honneur de répondre *à* l'invitation que vous « me *faite* dans votre journal, au sujet de Louis Capet. Voici, « suivant ma promesse, l'exacte *véritée* de ce qui *c'est* passé. « *Decendant* de la voiture pour l'éxécution, on lui dit qu'il « *falait oter* son habit. Il fit quelques *difficultées*, en disant « qu'on pouvait l'éxécuter comme il était. Sur la représen- « tation que la chose était impossible, il a lui-même aidé à « *oter* son habit. Il fit encore la même *dificultée* lorsqu'il « *c'est agit* de lui lier les mains, qu'il donna lui-même lors- « que la personne qui *lacompagnait* lui eût dit que c'était « un dernier sacrifice. Alors, il s'informa *sy* les *tembours* « *batteroit toujour*. Il lui fut répondu qu'on n'en savait rien, « et c'était la *véritée*. Il monta l'échafaud, et *voulu* foncer « sur le devant comme voulant parler ; mais on lui repré- « senta que la chose était impossible. Il se laissa alors con- « duire à *lendroit* où on *l'attachat*, et où il s'est écrié très- « haut : « Peuple ! je meurs innocent ! » *Ensuitte*, se retour- « nant vers nous, il nous dit : Messieurs, je suis innocent « de tout ce dont on m'inculpe. Je souhaite que mon sang « puisse cimenter le bonheur des Français. Voilà, citoyen , « ses dernières et véritables paroles.

« L'espèce de petit débat qui se fit au pied de *l'échaffaud* « *rouilait* sur ce qu'il ne croyait pas nécessaire qu'il *otat* son « habit et qu'on lui *liat* les mains. Il fit aussi la proposition « de se couper lui-même les cheveux.

« Et pour rendre *homage* à la *véritée,* il a soutenu tout cela « avec un sang-froid et une *fermetté* qui nous a tous étonnés.

son âme tressaillait et s'ouvrait à la vérité, qu'il avait trop longtemps méconnue. Il avait vu qu'il y avait loin du stoïcisme d'Epictète à la foi de Louis XVI; et il reconnaissait que, si la philosophie pouvait apprendre au cœur l'amour du bien, elle était impuissante à l'en enflammer au point d'en faire ce foyer, rayonnant une chaleur embaumée qui féconde et ne consume point. Désormais il était conquis à la religion; la résignation surhumaine, qu'elle avait inspirée au Roi dans la plus terrible épreuve, prévalait à ses yeux sur tous les systèmes.

Peu à peu sa douleur s'apaisa. Si son front s'était rembruni, son cœur n'avait rien perdu de sa sensibilité naïve et tendre. Revenu au milieu de ses fleurs, il les aima et les soigna plus encore qu'au temps de sa jeunesse et de ses illusions. Cette nature, qu'il avait tant étudiée, n'était plus maintenant la même pour lui. Bien souvent, pendant les calmes et silencieuses soirées d'automne, quand, du haut de sa terrasse, il la voyait aux lueurs mélancoliques de la lune se voilant

« Je reste très-convaincu qu'il avait puisé cette *fermettée* dans « les principes de la religion, dont personne plus que lui ne « paraissait pénétré ni persuadé.

« Vous pouvez être assuré, citoyen, que voilà la *véritée* « dans son plus grand jour. J'ai l'honneur *destre*, citoyen, « votre concitoyen. Sanson. — Paris, ce 20 février 1793, l'an « 2me de la République Française. »

Sanson ne se borna pas à cette publique protestation, il fonda par testament une messe expiatoire pour le 21 janvier. Il mourut en août 1793, encore tout ému de la scène admirable, dont sa lettre contient le courageux récit.

sous un brouillard d'argent, il lui sembla que, compatissant à sa souffrance, elle s'unissait avec son âme, et sa tristesse lui devenait plus légère, comme si elle s'épanchait. Insensiblement il cessait de s'appartenir : une sorte d'enthousiasme le pénétrait, et sa pensée, se détachant, se perdait avec ivresse à travers les perspectives d'un monde inconnu et sans limites. Chaque jour, à mesure que le calme se faisait en lui, le sourire revenait sur ses lèvres, et par moments comme un reflet céleste éclairait son visage.

Mais si le sentiment de Dieu parait ainsi ses traits d'une beauté nouvelle, c'était hélas ! pour une mort prochaine qu'il le consacrait.

De tous côtés, l'échafaud continuait son sanglant office et le Tribunal Révolutionnaire, inassouvi par trois mois de carnage, tenait toujours le défi féroce qu'il avait semblé jeter à la France, d'être inépuisable en citoyens honnêtes qu'il ne serait lui-même altéré de sang. Le défenseur de Louis XVI devait avoir son tour. Pourtant, quand fut marquée l'heure fatale, on n'alla pas droit à lui et l'on se saisit d'abord de ses enfants : comme si ces tyrans eussent craint, en portant la main sur le front de Malesherbes, de ranimer les cœurs et de les soulever d'indignation, tout glacés d'épouvante qu'ils étaient.

Mais le lendemain, ils s'enhardirent et Malesherbes fut arrêté.

Ce fut presque avec joie que le viellard les vit arriver. Quand la veille ses enfants avaient été arrachés d'entre ses bras et que, laissé seul, il s'était cru condamné à leur survivre! lui , qui avait tant besoin d'aimer et d'être aimé! lui, qui avait tant de titres à mourir! il avait été frappé de stupeur. Aussi quand les émissaires du Comité du Salut Public se présentèrent, il ne les fit pas attendre et vint se livrer à eux avec un impassible sang-froid. Les paysans étaient accourus et, voyant qu'on emmenait leur bienfaiteur, ils barraient le chemin et poussaient des cris menaçants. Les uns voulaient l'enlever à ses gardiens ; les autres se portaient caution pour lui. Mais il leur fit signe de lui livrer passage, accompagnant son regard d'un geste plein de reconnaissance et de résignation.

Quelques heures après, il était écroué à l'ancien couvent de Port-Royal, dont on avait fait une prison et qu'on avait nommé Port-Libre. Mais si par ce sarcasme bien digne d'elle, la Commune insultait à cette vieille et sainte demeure, en même temps elle en rehaussait l'éclat et lui préparait une renommée plus illustre encore, car de cet ancien asile du génie elle avait fait l'asile de l'héroïsme.

C'est là que Malesherbes passa quatre mois, d'abord impitoyablement séparé des siens, puis enfin réuni avec eux. Quelles furent ses pensées pendant ce triste séjour? il ne nous les a pas léguées ou du moins nul ne les a receuillies et ainsi, permettez-moi de l'affirmer, la postérité a été dépouillée d'une précieuse richesse. Que de fois ce grand homme désabusé a dû sentir le néant de toutes choses et s'élancer vers Dieu, en habitant ces voûtes, sous lesquelles avait palpité la pensée du grand Arnauld , de Nicolle et de Pascal !

Que de fois sa prière dut s'exhaler éloquente, quand il s'agenouillait sur ces dalles, creusées par les genoux de ces saintes filles, idoles du monde où pourtant elles n'avaient fait qu'apparaître, fuyant dans cette humble retraite jusqu'au souvenir de ce qu'elles avaient été et y mourant d'amour pour Dieu! Ne le voyez-vous pas parlant à sa famille un langage inspiré, s'élevant sans cesse dans cette atmosphère de gloire et de sainteté et grandissant à la hauteur de ces hôtes disparus ?..... Mais un matin la voix sinistre du geôlier fit retentir la salle voisine du nom de l'un des siens. C'était son gendre (1) qu'on appelait. Alors le vieillard serra dans une douloureuse étreinte ses petits enfants, orphelins pour un jour seulement! et les yeux baignés de larmes, il pria avec eux pour celui dont la tête allait tomber. Puis leur montrant que pour eux aussi le terme était proche, il les convia à l'espérance.

Dès le lendemain, en effet, on les conduisit au Tribunal Révolutionnaire. C'est là qu'il eut fallu le voir redressant fièrement son front blanchi! Suivi de Mᵐᵉ de Rosambo, sa fille, et de ses deux petits-enfants, Mᵐᵉ et M. de Châteaubriand, il s'avança d'un air noble et calme comme s'il marchait encore à la tête de sa Compagnie. A la vue de ses juges usurpateurs et tachés de sang, il sourit de pitié, dédaigna de leur répondre et sortit comme il était entré. Et pourtant quel coup ne venait-on pas de lui porter! Qu'il mourût, ce n'était pas assez;

(1) M. de Rosambo, Président à mortier au Parlement de Paris. Il mourut le 20 avril 1794, en même temps que cinq Conseillers au Parlement de Toulouse.

il fallait encore qu'il fût témoin du supplice de ses enfants. Mais, du moins, sa résignation déroba à ses bourreaux la joie de voir les tortures de son cœur. Il passa le visage rayonnant au milieu de ses compagnons de captivité, les salua tous en signe d'adieu et adressa même à certains quelques mots pleins de douceur et de gaieté. Apercevant alors son petit-fils, M. de Tocqueville, qui devait lui survivre : « Mon ami, lui dit-« il en l'embrassant, si vous avez des enfants, élevez-« les pour en faire des chrétiens, il n'y a que cela de « bon (1) ! » Transmettant ainsi à sa famille le legs précieux qu'il avait reçu de son Roi et qui, jusqu'à la dernière heure, avait enrichi et consolé son âme. Il s'appuya sur le bras de sa fille et s'éloigna, tandis que celle-ci, se retournant vers son amie Melle de Sombreuil, lui jetait avec un dernier adieu ces magnanimes paroles : « Vous avez eu la gloire de sauver votre père, et « moi je vais mourir avec le mien ! »

Pendant tout le trajet il s'entretint avec ses enfants, qui s'étaient groupés autour de lui et le consolaient par la pensée qu'ils comparaîtraient devant Dieu sous la conduite de ce chrétien sublime. Arrivés au pied de l'échafaud, ils prièrent ensemble. Cette oraison dernière durait encore, que Mme de Rosambo et ses enfants n'étaient déjà plus. Malesherbes les avait tous bénis. A son tour, le vieillard, devançant ses exécuteurs, franchit d'un pas léger les degrés sanglants et courba sans résistance son front qui n'avait point pâli.

(1) Châteaubriand, *loco citato.*

Ses enfants immolés, la mort lui devenait douce ; et, pour couronner cette agonie cruelle par un supplice plus cruel encore, il eut fallu le laisser vivre !

Ainsi finit Malesherbes pour l'éternel honneur de la Magistrature et du Barreau.

Dans la salle des Pas-Perdus du Palais de Justice de Paris sa statue a été placée et, du haut de son piédestal, l'Avocat-Martyr semble montrer sa route à chaque génération qui s'écoule à ses pieds. Qu'il en soit de même pour nous, Messieurs ! Dressons-lui dans notre souvenir une statue, que notre admiration soutiendra. Comme lui, dévouons-nous au principe d'Autorité et, s'il est menacé, ayons le courage de le défendre. Partageons son noble amour de la liberté, cette semence de l'avenir. Mais apprenons aussi par son exemple qu'il faut choisir ses appuis et savoir attendre. Rien ne dure de ce que le temps n'a point fécondé; le chêne ne revêt pas son feuillage, dès le premier printemps, et le Christianisme a mis des siècles à grandir !

Toulouse. — Emile Ratier, imprimeur de la Cour Impériale, rue Saint-Rome, 25.

www.ingramcontent.com/pod-product-compliance
Lightning Source LLC
Chambersburg PA
CBHW061225030726

47595CB00004B/1380